JN035587

31日で金持ちになる魔法の習慣

中野　博

31日後あなたは
金持ち体質に変わる！

『31』の習慣を毎日毎日、
読んで実践して
金持ちにならなかった人は
9%しかいない。

つまり、本書の『31の習慣』さえ実践し続ければ、
必ずあなたも金持ちになる!

はじめに

「人間は習慣の奴隷である―」　人生の成功者たちはこの名言を忠実に再現している。自己啓発書のベストセラー作家で有名な、オグ・マンディーノは、「良い習慣を作り、自ら奴隷になること」が、人生を豊かにする最短の道であると、自身の著書に書いている。

人間は良くも悪くも習慣の奴隷である。無意識に習慣に従い、その習慣に沿って、思考し行動を繰り返す。

では、良い習慣と悪い習慣。両者はどう違うのか？　考えたことはあるだろうか？　人のライフスタイルはそれぞれだ。職業も違えば性別も違う。一概に区別はできないだろう。

しかし、誰もが良い習慣と認め、羨む習慣が一つだけある。それは、**お金を産む習慣**だ。

お金を持っていて困る人は誰一人いない。誰もが金持ちになりたいという願望を持ちながら、日々、仕事をしている。経営者なら売れるビジネスモデルを考えて事業展開する。サラリーマンなら出世レースを勝ち取れるように努力を重ねる。

しかし、いくら頑張ってもお金に愛されない人がいる。出費だけがかさみ、お金が全然手元にやってこない。なぜだろうか？　努力値は同じはずなのに、なぜお金の差（収入の差）が出るのだろうか。

その答えはたった一つ。「お金持ちになるための習慣」をしているかどうかだ。

あなたがいつもお金に苦労しているなら、それはお金持ちになるための習慣をしていない。貧乏習慣をし続けているのだ。

お金を手にするにはスキルが大事だという人もいる。否定はしない。確かにスキルは身を助ける場合もあるし、持っていて損はない。しかし、スキルとは所詮、その場しのぎの一時的な武器であることを覚えておいてほしい。

もちろん、中には一生モノのスキルも存在する（本書でいくつか紹介しよう）。しかし、大抵のスキルは一時凌ぎのものだ。チャットGPTなどAIが推進していく世界ではもっと顕著になる。

アイスバーグモデルを知っているだろうか？　図を示しておいたので見てほしい。

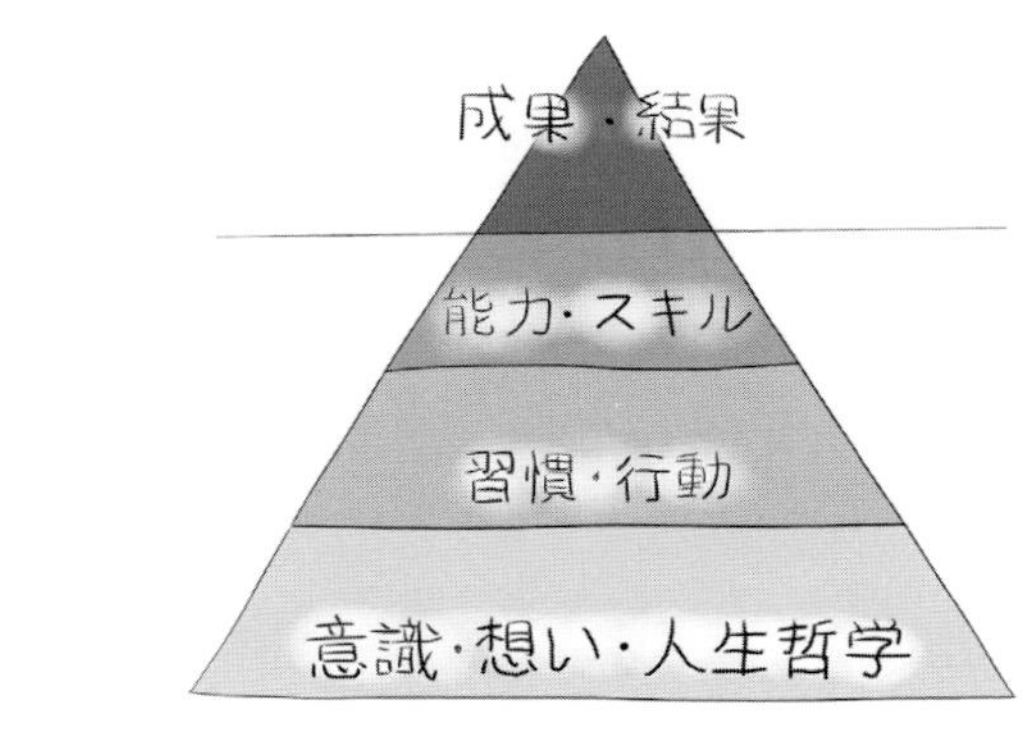
成果・結果
能力・スキル
習慣・行動
意識・想い・人生哲学

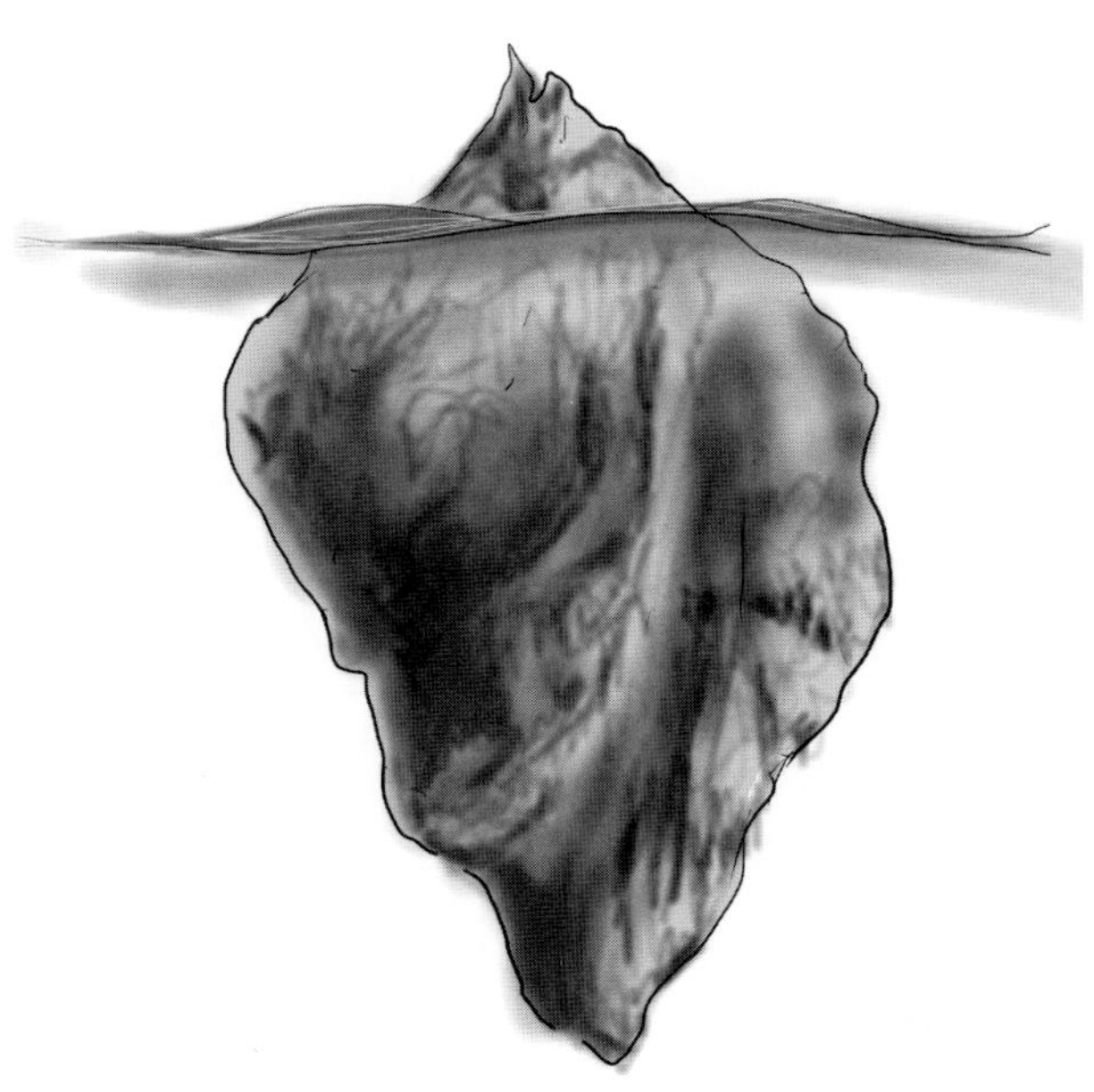

ものごとの成果や結果は、氷山の一角のように、ごく一部にすぎない。水面下には、目に見えない三層の要因が存在する。一般的に重視されがちなのは「スキル」だが、その下層には「ふるまい・習慣・行動」がある。そして、さらにその下には「意識・想い・人生哲学」が存在するのだ。

これらはどれが欠けても水面上の成果や結果がしっかりと出ることはない。お分かりになっただろうか？　スキルというものは成果や結果のごく一部の要因でしかない。**スキルよりはるかに大事なのは、習慣や哲学(考え方)なのだ。**

本書では、金持ちになるための習慣を中心にお話しする。今回は、全部で31個の金持ちになる習慣を用意した。つまり、一ヶ月31日間だ。この31個の習慣はいずれも、私自身が実践しているものでもあり、私の身近にいる金持ち（資産1億円以上）が普段から心がけているものだけを厳選した。

1日一個実践するつもりでチャレンジしてみよう。最初から全部をやろうとするとオーバーワークにもなる。習慣作りは苦しんで嫌々やるものじゃない。楽しみながら、習慣が巻き起こす変化を感じ取っていくことが何より大切だ。

全部実践できたときには、気づけばあなたは資産1億円以上の金持ちになっているはずだ。さあ、一緒に金持ちになる扉を開いていこう。

習慣は金持ちになる力そのものなのだ。

中野　博

●目次

第1章

金持ちのマインド

【習慣1】笑顔で話せ（世界の成功者は愛嬌がある）

あなたが金持ちになりたいなら、絶対に欠かせないものがある。それは、「笑顔」だ。笑顔は金を引き寄せる引力を持っている。

私の友人で、「フォーブス・ジャパン」（ＷＥＢ版）の編集長・谷本有香さんがいる。彼女はこれまで、何千人と偉大なる経営者や実業家、経済人たちを取材してきた実力者なのだが、先日面白い話を聞いた。

私が、「金持ちや成功者に共通している意外なことってある？」と聞いたら、こう答えたのだ。「そうですね・・・、皆さん愛嬌があって、笑顔が素敵なことですね！」

思わず頷いてしまった。なるほど、**成功者は愛嬌がある。**確かに、私も、ジャーナリストとして数々の成功者たちにインタビューをしてきたが、思い返すと偉大な成功者や金持ちほど、フレンドリーで笑顔の尽きない人たちだった。

笑顔には引力がある。取材者としても気分が良くなってしまい、この人のいいところを引き出そうと頑張ってしまう。いいことを書こうとする。周りにも人がたくさん集まるので、その分、彼らはチャンスにも恵まれる。

あなたの周りにはいないだろうか？笑顔が素敵な人が。その人は、金持ちだろうか？　まだお金を持っていなくても、金持ちになる素質は十分にある。だって、お金に愛される笑顔を持っているのだから。

誰だって、むすっとした顔の人のところに、近づきたくはないだろう。金持ちは笑顔こそが大きな武器になることを知っている。大きな夢を叶えるにはたくさんの人を引き寄せる力も必要だ。

金持ちになりたければ、笑おう。笑顔を作ろう。金は自然とあなたの元へやってくる

【習慣2】
哲学を学べ

あなたが金持ちになりたかったら、今すぐ「哲学」を学ぼう。哲学を持っている人間は強い。どんな時代になろうとも、どんな荒波が押し寄せようとも、「普遍の成功法則」を知っているからこそ、金を失うことはない。そもそも哲学とは何か？　小難しく考える人も多いが、そんなに頭を抱えることでもない。

哲学とは、人生の迷いを無くす道標だ。だから、哲学を知っている人は、迷いが一切ない。私もそうだ。迷いがないから先に進める。先に進めるからお金がついてくる。

哲学の中でもおすすめは「帝王學」だ。別に王家だけが学ぶのが帝王學ではない。帝王學はリーダー学でもあるが、人が豊かに過ごすための指南書とも言える国民のための哲学だ。

かの有名な渋沢栄一は帝王學を極め、実業家として活躍した。私は帝王學を20年学んでいる。そして、帝王學を塾生に教え続け、実業家から政治家まで輩出してきた。教え子たちは皆、迷いなく人生を歩んでいる。

そして、お金が自然とやってくるゴールデンルートを知っている。「**人を救えば、お金は自然とやってくる**」という帝王學の教えを熟知しているのだ。小手先のテクニックでお金を稼いでいるのではない。ずっとお金が舞い込む、普遍の哲学を駆使してビジネスをしているので、お金に困ることはない。

もし、あなたが帝王學を学びたいなら、ぜひ私が教えよう。毎月1回「中野塾」で帝王學のエッセンスを教えている。どこよりも分かりやすく、楽しく学べる自負がある。金持ちになるための習慣としての裏技だ。

【習慣3】
人におごろう（お布施を大事に）

お金に愛されるための簡単な裏技を紹介しよう。それは、「人に奢る」ことだ。「奢る」という行為は人のためと思われがちだが、実は違う。**奢る行為は、自分の将来への投資**なのだ。なぜなら、人に与えたものは複利計算で何倍にもなって将来自分に返ってくるからだ。

私は、お金がない時代（学生時代）から人に奢ってきた。奢ることを繰り返すとメリットが三つ生まれる。

一つ目は、お金を回す習慣が身につくこと。ケチって貯めてばかりいてはお金は回らない。お金を回す人のところに、お金はやってくる。

二つ目は、セルフイメージが高まること。人に奢った（与えた）という事実は、人を一段階高いステージに引き上げてくれる。ダナーという言葉がある。漢字では「檀那」と書く。サンスクリット語だが、直訳すると「お布施」だ。お金持ちになるためには大事な要素の一つで、お布施の精神無くしては、お金はやってこない。

三つ目は、「信用」が高まること。「あの人は私に愛情をくれた」というイメージを持たせれば、相手からの信用は高まる。奢るという行為は、一種の人助けだ。人を助ければ、助けた人からの信頼は貯まる。

特に、**お金がない時期や若いうちから目上の人に奢るのは相当レバレッジが効く。歳上や立場が上の人が、若い人から奢られると「恩義を返したい」という気持ちが生まれる。**それは、若い人にとっては大きなチャンスを与えてもらえるケースも多い。

私も20代の頃（お金がない時代）、何度も歳上に奢ってきた。奢られた側は、「え？ 俺に？（奢るの？）」と驚く。でも、「お前は将来出世するよ」と言ってくれた。当時一人暮らしで貧乏な私に、家具を買ってくれたり、取引先を紹介してくれたり、たくさんのリターンを得た。まさに、海老で鯛を釣る。

もし、あなたが20代とかなら、「いつもお世話になっているので」と目上の人や立場が上の人に奢ってみてはいかがだろうか？ **与えなければ、何も手に入らない。まずは、与えよう。**

【習慣4】
健康に金をかけろ

金持ちになりたければ、【健康への投資】を怠るな。世の中、あまりにも健康を軽視している人が多い。そして、健康に関する知識が圧倒的に少ない。間違った健康法をして、逆に身体を壊す人もいる。マスコミは金儲けのためにスポンサーに媚びる。だから、間違った健康法を、いいものとして騙して伝えている。

例えば、健康の代名詞とも言える、「食」。私の33冊目の本で「病気を治す食事術（ニューヨーク医師との共著）」という本がある。その冒頭での問いがこれだ。

「白米と玄米、どっちが体にいいか？」

ほとんどの人は玄米と答えるだろう。しかし、実態は違う。本当は、白米なのだ。玄米至上主義者は、健康面において大きな危険を伴う。ここでは詳しくは言わないが、いつ身体を壊してもおかしくない。

そして、90％の日本人が陥りがちな糖質過多。これも危険だ。糖質ばかり摂ると頭が悪くなる（思考力が鈍る）からだ。

重々わかっているだろうが、あえて言おう。体は全ての資本だ。健康でなければ、頭も心も体も動かない。それで、どうやって金持ちになろうというのか？　もっと、「健康に対する知識」を増やそう。

健康になるためには、まずは「情報」だ。人は、正しい情報を仕入れれば味覚が変わる。**ファストフードの危険性を知れば、これまで美味しいと感じていたハンバーガーやポテトが、急に美味しくなくなるはずだ。**

「**人は情報を食べている**」という言葉もあるが、本質はついている。食や諸々の健康については、「**健康大学**」で詳しく教えている。テーマは健康に関すること全てだ。食や運動、睡眠、呼吸。詳細は、QRコードを読み取って確認してほしい。

ウソ情報から身を守る！本当の健康情報を学ぶ
「健康大学」／未来生活研究所（定期講座）
https://miraia.co.jp/healthcollege22/

【習慣5】睡眠の質を大事にする

睡眠不足は頭脳の天敵だ。がむしゃらにやるのと、睡眠を削るのは違う。いや、正確にいうと、睡眠の質を削ってはいけない。ベストな睡眠時間とは何時間なのか？　それは脳科学でもたくさん議論されているが、人ぞれぞれの適正睡眠時間というのがあるらしいので、一概には言えない。


しかし、科学者たちが口を揃えて「睡眠は質にこだわれ」と言う。

何時間寝ても疲れが残ったり、寝足りなさを感じる人はいないだろうか？

私もかつてはそうだった。寝ても寝ても疲れがとれない時期があった。その原因は、**睡眠の質に投資をしていなかったからだ。**

私の場合、睡眠時間は、「睡眠の質」さえベストにしていれば、たとえ4〜5時間の睡眠でも体調は万全になる。経営者は大体そうだ。やることがたくさんあるので、睡眠にそこまで時間をとれない。だけど、一流の経営者になればなるほど元気がみなぎっている。これは、睡眠の質にきちんと投資をして、レバレッジをかけているからだ。

マットレスや枕は、あなたの体にあったものを使っているだろうか？　初期投資は高くても、これがのちに大きな財産になる。1日1時間でも睡眠の時間を短くしつつも、良質な睡眠ができたとしよう。1週間で7時間、一ケ月で30時間もの時間があなたに与えられる。その時間があれば、あなたはいくら稼げるか？　金持ちはそうやって時間を作り、稼ぐことを貪欲に考える。

まずは、寝具の買い替えから始めよう。それが、金持ちへの一歩だ。

【習慣6】遊ぼう

金持ちになりたければ、「遊べ」。私は常々、塾生に言っている。だが、気をつけてほしい。遊ぶとは、ギャンブル的な遊びや異性遊びではない。**今までしたことのない体験をすることを、大人の遊びという。**

40歳を超えてくると、日常の学びが著しく少なくなってくる。同じ作業の繰り返しがほとんどだし、日常の忙しさを言い訳に「新しい体験」をしないからだ。これでは金持ちになれない。なぜだと思う？

金持ちは常にビジネスチャンスにアンテナを張っている。これ重要！　そして、**自分がまだ体験していない領域にこそ、チャンスの源泉があることを**

知っている。そう、**金持ちは【顧客体験】に金をかける**のだ。体験した商品やサービスの何が良かったのか？　を真剣に考え、自身のビジネスにつなげる。この思考回路をいつも持っている。

顧客体験をすることこそ、金持ちの遊びだ。あなたは顧客体験を十分にしているだろうか？　**自分が一流のサービスを提供したいなら、一流のサービスに触れておかないと、一流の基準は絶対にわからない。**

アウトドアでもインドアでも、その体験が自分にとって未知の世界ならそれでいい。たくさん遊べ。補足ではあるが、遊びにはもうひとつ良い側面がある。特に、本書を読んでいる20代の若い人には聞いてほしい。遊ぶことで、仕事で役立つある能力が身につく。それは、「**段取り力**」だ。

例えば、バーベキューを友人とするとしよう。単にバーベキューと言っても考えること、用意することはたくさんある。どんな人が来るのか？　何人が来るのか？　子供連れはいないか？　何時にくるのか？　天候はどうか？

メンバーが来る時間に備えて飲み物は冷やしておかないといけないし、子供が来るなら子供用の椅子やテーブル、遊び用具も揃えないといけない。人数分の食材を揃えるには、どこで買うのが効率的かを考えて動かなければいけない。目上の人が来るなら送迎も考えないといけない。天候が怪しいなら雨具も用意しないといけない。

バーベキュー一つを成功させるにも、多くの段取りが必要で思考力を要する。社員にバーベキューを企画させて立派に成功すれば、その社員は仕事もできると私は判断する。**仕事は段取りが9割だ**。仕事で出世して年収を上げたいなら、若い今のうちからたくさん遊びの企画をしよう。

第2章

金持ちの時間術

【習慣7】可処分時間を有効に使う

現代は、「可処分時間」の奪い合いだ。僅かな人の隙間時間に自社の商品やサービスをＰＲできるか？　各企業がこぞって競い合っている。通勤通学の合間、仕事の休憩時間、子育ての息抜き時間、忙しい現代人の隙間時間（可処分時間）にどうアタックするか？　企業も頭の使いどころだろう。

●可処分時間とは？
↓自分で自由に使うことができる時間を「可処分時間」という。

可処分時間
食事
仕事
睡眠
ふろ
ジム
バス
読書
1Day
24時間

さて、「可処分時間」をあなたはどう使っているか？　企業の歯車に乗せられ、スマホでゲームをしたり、無駄なショート動画を見たりしていないだろうか？

断言しよう。**金持ちになる人は、「可処分時間」を無駄には使わない**。可処分時間の重要性を理解しているし、この時間で何をするか？で他人と差がつくかを知っているからだ。

例えば、2時間で10分の可処分時間があったとしよう（1時間50分稼働して、10分休憩）。１日で１２０分だ。１週間で８４０分。一ヶ月で約３３６０分。なんと、約56時間にもなる。

「2時間（何かを）頑張った！　よし10分休憩だ！（ゲームぽちぽち）」とやっていると、一ヶ月で56時間もゲームに使っている。

このゲームが何かを生産するならいいが、大抵のゲームはその時の自己満足で終わるだろう。

金持ちになる人は違う。可処分時間の重要性をきちんと知っているから、2時間に10分の可処分時間で「**お金を産むための行為**」をする。

一番の良い例は、インプットだ。人はインプット無くしてアウトプットはできない。良質なアウトプットをするためにも、良質なインプットをすることは大事だ。アウトプットは人様に見せる前提があるから時間もかかるが、インプットは自分の中だけで解決できるからちょうどいい。

その代表例として、本を読むことを挙げる。

私も、可処分時間の８割は本を読むことに充てている。だからこそ、毎月30冊もの本を読むことが可能なのだ。よく、「中野さんはお忙しいのに、いつ本を読んでるの？」と聞かれるが、まとまった時間に本を読むのはナンセンスだ。まとまった時間はアウトプットに使うべきだ。

隙間時間は誰にでもある。そこで本を読むことで、一つ一つ細かくインプットしていく。これが、記憶の定着にも捗（はかど）る。

あなたは「可処分時間」を１日にどのぐらい持っているだろうか？　積み重なると途方もなく大きな時間になる。ここをうまく活用できるかできないかで、１年後、２年後のあなたの収入に差が出てくることを忘れてはいけない。

〈ミニワーク〉

あなたの「可処分時間」を計算しよう

今日1日で何分ぐらい「可処分時間」があったか？　ざっくりでいいので計算してみよう（今が朝なら昨日、何分あったか思い返そう）。そして、その時間で何をしていたのか？　これからはどう使うべきかを考えよう。

～ワーク～

今日１日でどのぐらいか処分時間があったのか？　カウントしてみよう。（今が朝なら昨日分でカウント）そして、本当はどう使うべきだったのか？これからに活かせるように考えてみよう。

例）今日（昨日）の可処分時間

●（朝起きてから出勤）の間に（20）分
何してた？（スマホで携帯ゲームをしていた）

●（取引先との打ち合わせ）の間に（40）分
何してた？（喫茶店で雑誌を読んでいた）

●（仕事を終わりの電車帰宅）の間に（20）分
何してた？（ぼーっと考え事をしていた）

●（帰宅して夕食から風呂）の間に（30）分
何してた？（テレビでバラエティ番組を見ていた）

●（風呂上がりから寝る）の間に（60）分
何してた？（動画サイトで趣味の動画を見ていた）

合計・・・（170）分

＜反省点＞
【もっと自己投資につながる行為をするべきだった。携帯ゲームの代わりに創作活動を。電車での帰宅のときは情報収集を。風呂上がりから寝るまでの間に読書を。明日からは、少しずつ実践していこう】

今日（昨日）の可処分時間

●（　　　　　　　　　　　　　　　　）の間に（　　　　　）分
何してた？→

●（　　　　　　　　　　　　　　　　）の間に（　　　　　）分
何してた？→

●（　　　　　　　　　　　　　　　　）の間に（　　　　　）分
何してた？→

●（　　　　　　　　　　　　　　　　）の間に（　　　　　）分
何してた？→

●（　　　　　　　　　　　　　　　　）の間に（　　　　　）分
何してた？→

合計・・・（　　　　　　　）分

＜反省点＞

【習慣8】

時を操る

「ん?どうゆう意味?」頭にクエスチョンマークが出てしまった人も多いだろう。これは、「時を読め」ということだ。

「ビジネスで成功するには何が一番大切か?」商品か?サービスか?コミュニケーションか?いや、全て違う。私は会社を4つ経営している。経営者歴は30年になるが、出した答えは【タイミング(時)】だ。

つまり、良い商品も良いサービスも、【タイミング(時)】を間違えれば意味がないということだ。

今なら、コロナがいい例だろう。2020年4月「緊急事態宣言」が出て、人々は外出しなくなった。その時、味がピカイチだからと銀座の名店が繁栄しただろうか？　サービスが一流だからとホテルのラウンジが賑わっただろうか？

私の知り合いの銀座の名店寿司屋も、１００年の歴史に幕を閉じた。本当に悲しいが、ビジネスにおいて最も大切な「時」を逃した結果なのだ。

緊急事態宣言中の期間、最も流行った商売は「テイクアウトと宅配」だ。そこに需要を見出し、精力的に取り組んだ企業は何とか倒産のピンチを凌いだ。しかし、本気で取り組まなかった企業はどうなったか？　お察しの通りだ。先ほどの寿司屋も、テイクアウトや宅配にも挑戦しなかったばかりに倒産に追い込まれた。

ビジネスは「タイミング」が全てだ。如何にいい商品やサービスでも、社会が求めていない時に表に出しては絶対に売れない。しかし、商品やサービスはまだ不完全であっても、社会が求めているものなら話は別だ。最高レベルの商品でなくても需要があれば売れるのだ。

今は当たり前になったがオンラインで会話ができる「ZOOM（ズーム）」もそう。当初は、人数制限や画質、速度の問題など改良の余地があったが、社会が「今」求めているから売れに売れた。

あなたは「時を読み間違えて」いないだろうか？

金持ちは、絶対に「時」を逃さない。だから投資の世界でも勝てる。でも、ここで疑問に思う人もいるだろう。「時を読むって、具体的にどうやるの？」と。

安心してほしい。時は「学問」で読み解ける。だから私は、毎年起きることを事前に察知して、先回りしてビジネスプランを立てている。

実際、２０２０年には人々が外に出られなくなる生活が来ることを読んでいた。**動画時代が来ることを知っていたのだ。**だからこそ、独自の動画プラットフォームを２０１９年に作った。おかげで、コロナ禍でも会社は大繁栄した。

あなたももし、**「時を読む方法」を知りたければ、毎年やっている【時読み講座】に来てほしい。**今年の「時読み講座２０２４」は11月23日（祝）に開催する。２０２４年に起きることを全部教えてあげよう。あなたの翌年のビジネスプランを立てるのに大いに役立つだろう。

未来のミスやリスクを減らすために今やるべきことを知る
ビジネスに投資に活かす！「時読み®講座」
●2023年版 ●2023年下半期版 ●2024年版（準備中）
https://miraia.co.jp/tokiyomi3959/

時読み
ビジネスプラン

【習慣９】
遊び仲間との飲み会はいかない

高校時代、大学時代の友人、社会人になってからの飲み友。遊び仲間との飲み会を楽しみにしながら仕事を頑張っている人もいるだろう。しかし、あなたが本気で金持ちになりたいのなら、遊び仲間との飲み会は行ってはいけない。その理由は三つある。

一つ目は、ほとんど昔話や愚痴で終わってしまうから。学生時代の仲間と会うと、共有する話題は昔のことだ。だから昔話ばかりしてしまう。もしくは今の職場での愚痴を吐いて、傷を舐め合う。これはもはや、現実を逃避して快楽に走ることと同じで、昔のいい思い出に固執して先に進もうとしない人がすることだ。こんな飲み会は絶対に参加してはいけない。

二つ目は、単純にお金の無駄。**お金はあなたの未来を作るために使うものだ。**過去を無駄にほじくり返すために使うのではない。過去の思い出にお金を投資しても何もリターンもない。

そして、三つ目。これが一番の問題なのだが、飲み仲間との会話は「あなたの夢を壊す」ことがある。

もし、あなたに夢があって、その夢を飲み仲間に語ったとしよう。

「え、それは無理っしょ」
「もういい年なんだから現実を見ようよ」

などと言われたらどうだろうか？
心が折れそうにならないだろうか。

人の夢を壊すことを言う人は、一生金持ちになれない人だ。人には夢があって、その後にお金がついてくる。夢を壊してくる人にお金は絶対にやってこない。

そして、夢を壊すだけでなく、愚痴を言ってマイナスなオーラを場に流す。こうした雰囲気の場所にいては、あなたの気は病んでしまう。今すぐ、ただの飲み仲間との集まりはやめよう。

「えー誰かと飲み会はしたいよ。寂しいし・・・」と思っているあなた。安心してほしい。ぜひやってほしい飲み会もある。それは、同じ方向を見ている人同士での飲み会だ。

こんな夢がある。あんなことがしたい。少し言うのが恥ずかしいことでも絶対に否定しないで語り合える仲間との飲み会なら、それは定期的にやるべきだ。夢は誰かに話して、肯定してもらえることで花開くからだ。

ビジネス関係で、進展がありそうな人ももちろん大丈夫だ。ただの飲み仲間とはもう会わずに、あなたの未来につながる飲み会をしていこう。

【習慣10】返信は素早く返す

メールやＳＮＳのメッセージを溜め込む癖がないだろうか？　お金が舞い込む体質になりたかったらメールやメッセージの返信は素早く返そう。早ければ早いほどいい。遅くても1時間以内に返すのが理想だ。理由は二つある。

第一に、メールの返信の速さは個人の「信頼」を加速させるからだ。特にビジネスメールの場合は顕著だ。メールの送り手は、返信速度が早ければ早いほど「仕事ができる人」だと認識をする。メールの返信速度が早いということは、その分、互いの仕事時間を短縮できる。案件もスムーズに進む。

あなたも経験があるだろう。メールの返信が早いと、「あの人に頼むと仕事が捗る」と思ったことが。このイメージが信頼を加速させる。仕事がさらに舞い込み、収入のアップにもつながる。

二つ目は、「**チャンスを掴みやすい体質**」になれるからだ。「この人ならすぐに返事が返ってくるだろう」こう思われたら、チャンスが舞い込む。なぜだかわかるだろうか？

たとえば、飲み会の席に重役が誰かを誘おうとしていたとしよう。その時、すぐ来れそうな人は誰かを考え、連絡をする。その時、いつも返事が遅い人に誘いのメールをするだろうか？　すぐに返事をくれる人を誘わないだろうか？

私は、連絡の返信の速度をとても大切にしていた。（今でも大切にしている）「中野ならすぐに返信をくれそうだな」とイメージしてもらうことで、会社のお偉いさんや取引先が談話をしている場に呼んでもらえるようになった。そのおかげで、多くの商談をもらえたり、ビジネスチャンスを教えてもらったりと甘い汁を吸わせてもらった。

「返信を素早く返す習慣」を身につけておくだけで、あなたの印象が変わる。すると、あなたには縁とチャンスがどんどん舞い込んでくる。

誰にでもすぐにできる習慣の一つだ。返信を溜め込む人は統計的に見ても仕事が遅い傾向にある。返信を溜め込むと、「後で返さなきゃ」というストレスにも繋がるし、コミュニケーションも滞るので絶対にやめよう。

【習慣11】時間管理を徹底せよ

あなたは、時間管理を徹底できているだろうか？　時間にルーズな人は絶対に金持ちになれない。時間を管理できない人間は、信頼とチャンスの両方を同時に失うからだ。相手との約束に5分、10分遅れる。時間の長さだけを見れば大した時間ではないかもしれない。しかし、遅刻したことに変わりはない。相手との約束において、遅刻は最もいけない行為ということを肝に銘じてほしい。なぜなら、相手の貴重な時間を奪うからだ。金持ちはこれ（時間を奪われること）を本当に嫌う。

金持ちの世界を知っている人は、彼ら（金持ち）にとって「時間」がどんなものか知っているだろう。**時間とは命の次に大事なものだ。**可処分時間でも話したが、彼らは隙間時間に何ができるかを真剣に考える。何をすれば少しでもお金を生むのかをいつも考えている。**10分あれば、本気になれば人脈やスキルや経験から数十万ぐらいは軽く稼いでしまうのが金持ちだ。**だから、たかが10分といえども、数十万の損失になる。

そんな時間を奪う人を、彼らが信頼して、今後会ってくれるだろうか？決して会わないだろう。金持ちと出会うことは、そこからまた新しい金持ちと出会うチャンスでもある。そこから大きなビジネスに発展することも多い。しかし、あなたが時間にルーズで彼らの時間を少しでも奪ってしまうと、もうチャンスはやってこない。信頼を失うからだ。

金持ち同士は「時間」の尊さをわかり合っている。だから、絶対に遅刻はしない。遅刻は相手を舐めている証拠でもある。そんな無礼な人にお金はやってこない。

あなたは普段から遅刻はしていないだろうか？　時間にルーズではないだ

ろうか？　金持ちに時間管理ができていない人はいない。時間はきっちり正確に。当たり前のことだが、これができていないから貧乏な人は貧乏なままなのだ。今すぐ時間管理を徹底する意識を持とう。

もし、時間管理を徹底する自信がないのなら、私が教えている「時間術の講座」を見てほしい。誰でも明日から使える、中野流の時間管理の裏技とテクニックを教えている。60分で学べるので、おすすめだ。

【習慣12】起きてからの2時間を賢く使う

あなたは普段、朝起きてからの２時間は何をしているだろうか？　金持ちになりたいになら、朝起きたら2時間以内に「クリエイティブ」な仕事をしよう。ビジネスマンなら何かの企画をしたり、セールス的な文章を書くでもいい。経営者ならビジネスモデルを考え直したり、新しい事業計画を作るでもいい。

なぜなら、**朝起きてから2時間は「脳のゴールデンタイム」**だからだ。脳科学でも実証済で、この時間帯は一番脳が活発に働いている。私もこれを知っているから、朝起きてからの２時間を徹底してクリエイティブな活動に費やしている。今日撮影する動画のネタや構成を考えたり、新しいセミナーの企画を考えている。講義で使用するパワーポイントなども、この時間で作る時が多い。

起きてからの2時間は余計な疲れもないので、頭が非常にクリアになっている。あなたも体験していることだろう。金持ちになるためには生産性をとことん高めないといけない。よって、朝のゴールデンタイムの2時間は、その生産性を何倍にも高めてくれる。

朝起きてから、最初に事務的な仕事をする人もいるが、これは正直ナンセンスだ。いつやっても変わらないことをゴールデンタイムにやる必要はない。体の機能を戦略的に使ってこそ、金持ちになれる。明日から、起きてからの2時間を有効に使おう。

Morning
May

第3章

金持ちの投資術

【習慣13】投資家になれ（ロマンを持て）

金持ちになるための最重要項目の一つ。それが、【投資】だ。「お、投資！きた！」と思っただろうか？　そう、皆が株やＦＸをイメージする「投資」だ。

でも、少し冷静になってほしい。おそらく、多くの読者は投資の本質を勘違いしているので、ここで説明しておきたい。投資の本質は金を得ることではない。投資の本質、それは、【未来を作るもの】だ。言い換えれば、**【未来の果実を育む行為】こそ投資だ。**よって、一時的に小金を得ても、未来を育まない投げ銭は、私から言わせれば投資ではない。

投資の醍醐味は何ですか？

投資の講座でたまに聞かれる。その時、こう答えている。

「投資はロマンだ！そして、人類救済だ！」と。

あなたはこの言葉を聞いて、何か感じるものがあっただろうか？

もし、何か胸に熱いものを感じたならば素晴らしい。あなたは、大金持ちになる素質がある。

金持ちの投資家ほど、投資する基準は「ロマンと人類救済」だ。この意味がわかるように、投資が人生においてどんなメリットをもたらすのかを先に話しておこう。

大袈裟な言い方かもしれないが、投資は人を救っている。

「人はなんのために生きているのか？」

その問いに、私は「幸せに生きるため」と、もう一つ「人を救うために生まれた」と常々言っている。

そう、**投資家たちはヒーロー**なのだ。世間には、才能はあるが、まだお金と信頼がなくて日の目を浴びていない人がたくさんいる。

友人のNAKANO Yasuhiroさんは、今やNFTアーティストとして第一線で活躍する有名人だ。数年前までは知名度もなく生活に困っていた。そこで、私は、彼に〇千万を投資した。（〇千万円分の絵を買った）そこから彼の人生が変わった。今では作品を依頼すると2年待ちの状態の売れっ子になり、超有名NFTアーティストとして活躍している。今後、彼の絵はどんどん価値が上がる。〇千万円分の絵は、きっと〇億円になると予感している。まさに、ロマンだ。

投資というと、自分が将来儲けるということにベクトルが向きがちだが、**人の可能性を開き、大きなチャンスを与えているという認識を持ってほしい。**

つまりは、**救済**だ。

重要なのは「**見返りを求めない投資**」こそ、本当の投資であるということ。人は見返りを求めると卑しくなる。

「せっかくチャンスをあげたのに、奢ってあげたのに」

こうした思考を持つと、投資家としての格が下がる。ヒーローが見返りを求めて人助けをするだろうか？

繰り返すが、**投資は**「**人類救済**」であるということを、胸に留めておいてほしい。何より、人を救ったという気持ちこそが、あなたの中で宝物となる。

この思考を持つことが、大金持ちになるための習慣の第一歩だ。

【習慣14】自己投資せよ

投資の中でも、私が一番大切だと思っているものを教えよう。これこそが最短で大きな金を生むと言っても過言ではない。それは、【自己投資】だ。あなたは自分に投資をどのぐらいしてきただろうか？　案外、人にお金はかけても、自分に投資しない人は多い。自分はいいからとケチるのだ。

会社もない、家もない、金もない。もし、世界が焼け野原になったとしよう。そのとき、金を稼ぐ手段として、あなたはどうするか？　少し考えてほしい。**ここで重要になるのは、あなたが「他者に提供できる資源」として何を持っているかだ。**会社を辞めたとき、独立したとき、あなたの周りは焼け野原になるかもしれない。そこで、あなたには「あなた自身の売るもの」があるだろうか？

私は投資歴40年のプロの投資家だ。自己投資こそが最大のレバレッジがかかることを知っているので、自分磨きに年間１０００万円はかける。自分磨きとは外見だけの話ではなく、能力を高めることも一緒。本当に価値のあるセミナーだと思ったら、２００万でも３００万でも払っても学ぶ。なぜなら費用は学んだ知恵を使えば、数ヶ月で回収できてしまうから。

自己投資をしない人は、セルフイメージが低い傾向にある。「自分なんて、どうせ・・・」という固定観念が自分の成長を妨げているのだ。私は、よくセミナーでそうゆう固定観念を捨てさせるために、ある言葉を投げかける。

それが、蟹の法則（シャレでつけている）だ。

「『まさか、私が』を捨て『まさに、私が』になれ」。

（「か」を「に」に変えるのだ）

こう考えれば、「自分は良質な学びさえあれば、なんでもできる」と思えないだろうか。もし、あなたが今、いまやりたいことが少しでもあるなら、思い切ってチャレンジしてみてほしい。「自己投資」として。

自己投資は自らの能力をレベルアップするだけではなく、新しい世界観を味合わせてくれたり、新しい人脈を作ってくれる。自己投資はまだ見ぬ素敵な出会いを作ってくれる

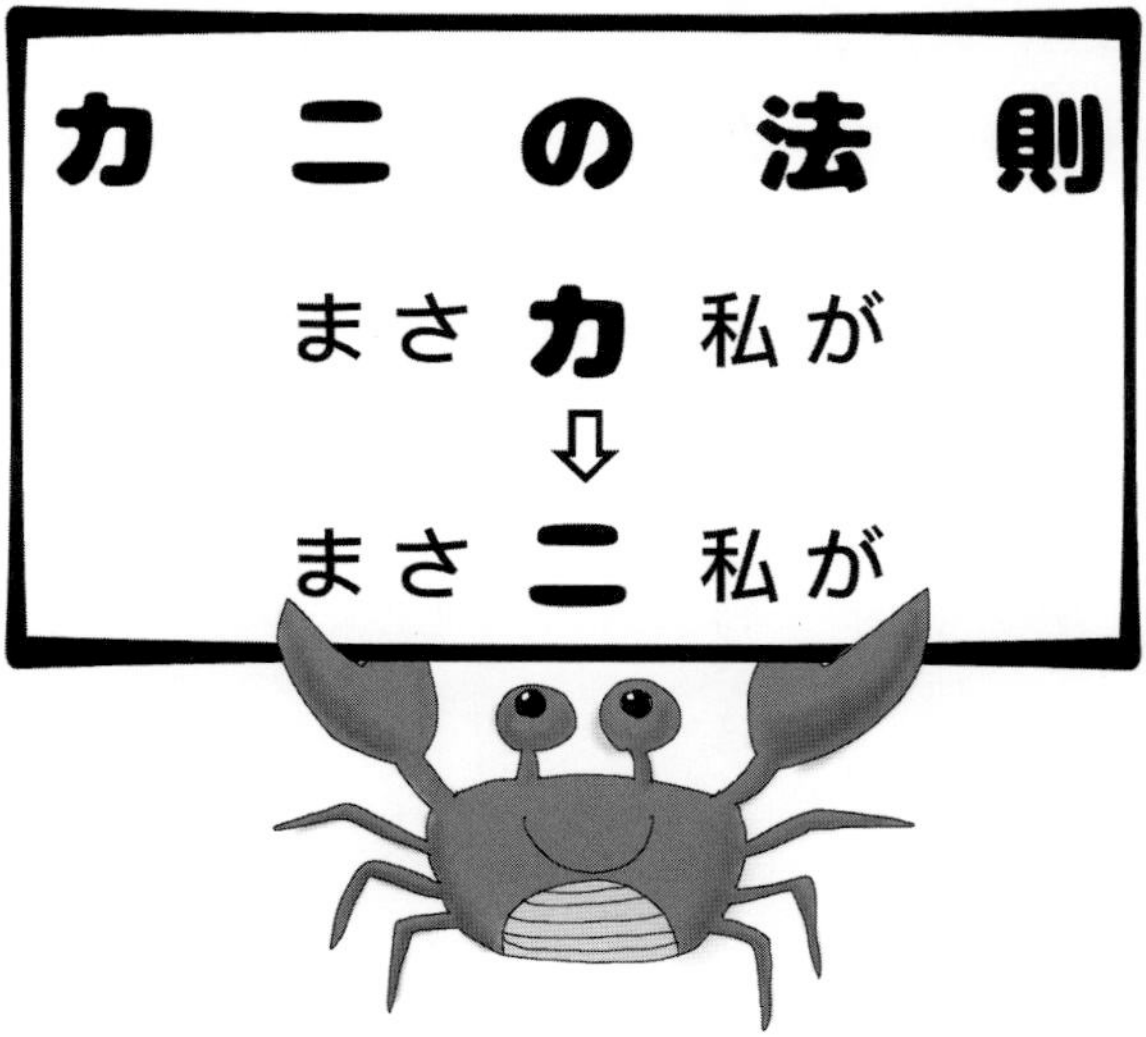

カニの法則

まさカ私が

⇩

まさニ私が

最高の投資なのだ。

余談だが、自己投資の中で最短で結果が出て、なおかつ最安値で自分を成長させられるのは読書だ。

あなたは月に何冊本を読むだろうか？　実は、成功者には絶対的な条件があって、それは成功者は皆、読書家であるということだ。

本は、書き手の人生の叡智と経験がつまった結晶である。考えて見てほしい。本は一冊たかだか１５００円程度だ。その中に、どんな情報が入っているのか？　それは、その人が人生の何年もかけて、お金と時間もかけて得た経験や結果、知恵が入っている。この本だって、私は40年以上の経験をもとに書いているし、コンテンツを手に入れるために使った金額なんて一億円以上だ。それをこうして、１５００円で読者に提供している。これを、最強にレバレッジの効いた投資と言わないでなんというのか？

本は、気づきを与える尊いもの。これが、私の考える本の最大の役割だ。

そして、あなたも誰かに与えることをしたいのなら、ぜひ、本を書く側に回ってほしい。本はお金持ちになるための装置で、一冊出しただけで世界が変わる。本を出したないなら、未来生活研究所に問い合わせてほしい。あなたの新人デビューをサポートしよう（巻末資料参照）。

◆ミニ講座1
損得勘定で（自己）投資をするな

「あー損をしたな」「これは得をしたな」「あの人だけずるい」という発言を日頃よく聞く。もし、あなたも発言をしているとしたら、今すぐにやめてほしい。

なぜなら、損得勘定を強く持っていては絶対に金持ちになれないから。日本には古くから、「損して得取れ」という言葉がある。この名言の漢字を一字変えてみよう。「存して得取れ」つまり、存在感を高めれば、やがてファンが増え、得になるという教えになる。

そして、今度は、得を「徳」に変えてみよう。「損して徳とれ」。短期的には損をしているようだが、長期的に見ると、徳を積んでいる。投資で勝っている人は、この「損して徳とれ」ができている。

投資というのは、人を救う行為であり、徳を積む行為でもある。では、二つを組み合わせて、「存して徳とれ」にするとどうなるか。徳を積んで存在し、人格をなし、人から信頼を集めろという意味になる。損得で行動してしまうと、人は得となる要素がなくなったとき、人間関係は最も簡単に崩壊する。しかし、「徳」があれば、何かを失っても、人はその人を信頼し続ける。信頼し続けた結果、ファンはあなたにお金を払い続ける。今すぐに損得勘定は捨て、「存徳勘定」をするようにしよう。

◆ミニ講座2

投資の「成功回数」を重ねろ

よく、投資というと何十万、何百万といった大きな利益をやらないと意味がないという人がいるが、これは大間違いだ。大事なのは、わずかでもいい（数千円でもいい）、確実に配当金で利益を出していくことだ。

そのためには、1銘柄で多くの利益を狙うのではなく、分散投資（複数の銘柄を少しずつ持つ）をすることが大切だ。小さな利益を積み重ねていって、毎月数万円稼ぐ。これを繰り返していくのだ。最初は投資する金額が少なくても、複利的に稼いでいけば投資できる資金が貯まってくるはずなので、より効果的に稼げる。

そして、これはお金を安定的に稼ぐ他にも大きなメリットがある。それは、あなたの「自信」を生み出すことだ。日本人はなぜか、自信を持っている人が少ない。その理由は、「大きな成功体験でしか自信はつかない」と勝手に思い込んでいるからだ。

「自信を持て」と親や友達や知人は言ってくるだろう。でも、その具体的な方法を教えてくれるだろうか？　言葉だけ無責任に言って、終わっていないだろうか？

自信とは、自分を信じることだ。自信を持つには、大きな成功体験は全く必要ない。大事なのは成功の回数なのだ。つまり、**小さな成功の積み重ねこそが、自信を作る**。この場合は、分散投資で小さな利益を何度も稼ぎ続けることが「自信の積み重ね」となる。

大きなプロジェクトを成功させる、大口の契約を取る、リーダーとして組織をまとめる。こんな大きな出来事なんて、年にそうそうありはしない。でも「今日はこの仕事をやり切る」「一日一善、人を手伝う」といった、小さな成功体験ならどうだろうか？　誰でも実現可能なはずだ。この小さな成功体験を意識していれば、相当自信の持ち方は変わる。

私も40年間、分散投資をし続けている。1銘柄に投資して、大きく稼ごうなんて思っていない。多くの銘柄で確実に利益を出すことが、投資家としての自信につながる。多くの銘柄を複合的に見ると、お金の流れもわかってきて、社会の見方が変わる。

投資の成功体験を積み重ねると、いざ大きなチャレンジをするときにも自信になる。金持ちになるための重要なステップだ。

【習慣15】
「感情が動く体験」をする

心が震える体験を、あなたは最近しただろうか？　10秒考えて思い浮かばなかったら、それはしていない証拠だ。なぜなら、心が動かされる体験というのは、決して忘れはしないからだ。

私は、**1週間に一回は「感情が動く体験」を買いに行っている。なぜなら、人生観に変化を加えていきたいからだ。**

「歳をとると一年が早く過ぎる」。そんな発言を40歳過ぎぐらいからよく聞く。理由は簡単で、感情が動く体験をしていないからだ。人間、同じ動作ばかり繰り返していると、時間があっという間に過ぎてしまう感覚に陥る。なぜなら、感動を味わっていないからだ。1日単位でも同じで、ダラダラと動画を見ていたら、もう夕方になってしまったという休日体験をしてしまった人もいるだろう。

思い返してほしい。小中学生の頃は、一年が長く感じていなかっただろうか？　幼い頃は全てがはじめての体験であり、その一つ一つに感情を動かされていたからだ。

人は、新しいことを始めたり、感情が動く体験を多くしていると、ふと振り返った時に「今年は充実した一年だったな」と思う。しかし、何もしていないと、「今年はあっという間だったな」で終わる。

これは、脳科学的にも実証されている。人は多くの感動体験をしたり、感情を揺さぶられる出来事があると、振り返った時に非常に濃い時間を過ごしたと感じる生き物なのだ。

少し話がずれたが、金持ちは「**常に人生観のアップデート**」を図っている。古い概念や固執した思考は金を生まないことを知っているからだ。金持ちは、たとえ50代であっても、そこらの若者よりも最先端の情報に詳しい。ＮＦＴがいい例だ。20代よりも、投資感覚に優れている50代の方がよっぽど知っている。

新しい感動に出会うため、人生観を変えるために、感情が動く体験を買っているのだ。

では、どう具体的に感情が動く体験を買えばいいのか？　私はよく旅に出たり、演劇や芸術に触れたり、一流のレストランに行って新しい味覚の発見を楽しんでいる。

先日も、「投資家倶楽部」（投資家たちを集めての勉強会）で、銀座一と呼ばれるある西洋料理店に塾生と行ってきた。私は常連で何度も行っていたが、塾生はほぼ全員が初めての体験。

後日、感想を聞くと、「一つ一つの料理に感動して、**心が震えた**」と多くの人が言っていた。まさに、人生観が変わったのだろう。人生観が変わると、ステージが変わる。これが大事だ。

ワンランク高いステージに身を置くように意識すると、セルフイメージが変わり、低いランクにいる自分をどんどん許せなくなってくる。そうなると、より高みを目指して自己研鑽を続ける。だからこそ、収入がどんどん上がってくるわけだ。

もし、あなたがまだ20代か30代で、お金に余裕がないのなら、極端に高級なものは求めなくていい。お酒が好きなら、普段は一本千円のワインを飲んでいたら、年に一回は一本1万円のワインに挑戦してみる。これだけでもいい。新しい感動と人生感が味わえる。そして、このワインをもっと飲めるようにと**頑張る自分にも出会えるはずだ。**

金持ちはこうやって、「感情が動く体験」を日々求め、みずからをアップデートしているのだ。一番のおすすめは「旅をすること」だ。

【習慣16】
本を月に10冊読む

もう何度も口を酸っぱくして言っているので、私のファンなら聞き飽きたかもしれないが、今一度言おう。金持ちになりたければ、本を読め。最低でも月に10冊だ。私は月に30冊読んでいる。なぜ、金持ちになることと読書量が比例するのか？　簡単な理由だ。**本には新しい気づきがある。その気づきこそが、大金を生み出す装置だからだ。**

あの投資の神様と呼ばれるウォーレン・バフェットは毎日５００ページ以上本を読んでいる。それは、本から得た気づきを**投資の智慧**として使うからだ。

私は出版社も持っていて、何人もの著者を輩出もしている（私自身も38冊の本の著者だ）。**本というのは、著者のこれまでの歴史が入った崇高なものだ。**何百万円、何千万円とかけて得た知識や経験が、わずか１５００円程度で買える。こんなに**コスパの良い投資**はない。

10冊読めば、最低10個の新しい気づきが得られるのだ。そのたった一つでも、あなたがビジネスに活用して結果が出れば、何百倍ものリターンになるのではないだろうか。

本を読む人と読まない人では、教養の差も圧倒的に出る。多くの金持ちは本をたくさん読む習慣がついているから、ボギャブラリーも豊富で話の引き出しも多い。言葉も巧みだ。

だからこそ、彼らは、本を読んでいない人間は中身のない人間だと思う（私は本を読んでいない人間は、５分話せば大体わかる。話し方や言葉遣いが貧困なので)。金持ちは話し相手を選ぶ。**金持ちと繋がって、連携したければ本を読め。**

一番簡単で手っ取り早い金持ち習慣の一つだ。

【習慣17】最新モデルを買おう

あなたは、身の回りをきれいにしているだろうか？　仕事で使うものを整理整頓できているだろうか？　金持ちになりたければ、「身の回りの整理整頓」を徹底しよう。なぜなら、人生で最も無駄な時間の一つは「探す時間」だからだ。

探しても探しても目当てのものが見つからない経験。一度はあるはず。一度ならまだ全然いいが、これが何度も重なると一体どのぐらい時間を無駄にしているのか。タイムイズマネー。時間を有効活用できない人に、金持ちになる資格はない。そのために、仕事で「探す」という行為をしないようにしよう。

パソコンの中のフォルダの整理はできているか？　よく使うデータは、目に届きやすいところに保存しているか？　たったこれだけで、劇的に仕事効率が増す。いらないものは捨てる。身の回りのモノもパソコン内も一緒だ。

そして、何かを買い替える時のオススメは、全て新しいモデルを買うことだ。最初は高いかもしれないが、最新の機器は動作が速くストレスが軽減できる。デジタル機器でのストレスは本業に大きく支障をきたすので、少しでも機器に不具合があったら、最新モデルに買い替えよう。ここでケチってはいけない。先行投資だ。この投資がストレスを減らし、余裕ある時間を産む。金持ちに一歩近づく。

必要
不要

【習慣18】運動に投資せよ

あなたは定期的に運動をしているだろうか？　もし、何もしていなかったら危険だ。今すぐに「運動の習慣」を身につけてほしい。なぜなら、**運動習慣は「閃き」を生む、お金に代え難い特殊な力があるからだ。**

運動習慣には、体の調子を整えたりメンタルを強くしたりする魅力もある。しかし、私が強調したいのは、**運動による「閃き」を生む力**だ。

何か企画をしているとき、何時間思い詰めてもアイデアが出てこないことがある。誰にでも経験はあるだろう。私もある。ビジネスでも、そうそう画期的なアイデアなど出ない。

ところが、閃きの可能性を高める特殊技がある。そう、「運動」だ。なぜ、運動が閃きにつながるのか疑問に思うだろう。

実は、座ってじっくり考えていても大していいアイデアは出ない。ましてや普段と同じ場所で変わらぬ仕事体制で考えていたらなおさらだ。でも、体を動かしながら、ぼーっと企画について考えてみてほしい。すると、ふと画期的なアイデアや、さっきまでは考えもしなかった素晴らしいことが閃いたりする。

これは、脳科学でも実証されている。多くの経営者が筋トレを趣味にしているケースがあるが、これは、こうした脳の仕組みを知っているからだ。座ったまま黙って考え込むのは生産性がないことをわかっている。

私は、筋トレ、ヨガ、水泳、ウォーキングをしている。何でもいい、あなたなりの運動習慣を身につけて、閃きをどんどん生んでほしい。

さらに、閃きにはシャワーもおすすめだ。シャワーを浴びているときに、ふと忘れていたことに気づくことはないだろうか？

「世界シャワー調査白書」は、72％の人が「シャワーを浴びている時に新しいアイデアがひらめいたことがある」、27％の人が「シャワーを浴びている時に、インスピレーションが湧き出た」、40％の人が「シャワーを浴びるとイノベーション思考が刺激される」と答えたことを発表している。

アメリカ心理学会傘下の雑誌が発表した研究結果によると、**シャワーを浴びることは創造的な思考になりやすいのだという。**お風呂に入っているとき、脳はデフォルトモードになる。デフォルトモードは安静状態で、脳はリラックスしている。活動は自発的になり、脳は自由に遊んでいる状態になる。また、記憶の整理もしている。デフォルトモードに入ると、脳は外部の情報を敏感に収集するようになる。よって、脳は自由に活動し、アイデアがどんどん湧いてくるのだ。

私は、知り合いの脳科学者からこの事実を聞いて、すぐに実践した。必ずシャワーを浴びる習慣ができるヨガに定期的に通うこともおすすめだ。お陰様で、たくさんの閃きが生まれた。

未来生活研究所の看板講座の一つである「投資家の幼稚園」は実は、シャワーをしている最中にふと生まれたアイデアだ。もう、1000人近くの人が受講してくれている大人気講座。受講費が5万円弱だから、単純計算で5000万円近く稼いでくれている。

金持ちになるためには、金を作るために閃きが重要だ。今すぐ「運動習慣」を身につけよう。

初心者のための投資講座
「投資家の幼稚園」／未来生活研究所
https://miraia.co.jp/tousikattry2023/

第4章

金持ちへの成り上がり（100万人に一人のレア人材に）

【習慣19】影響力を身につける

あなたが「影響力」を身につければ、金はどんどん勝手にやってくる。金持ちには不思議なことに、金を引き寄せる引力がある。その引力の正体とは、「影響力」だ。

「この人が言うなら間違いない」
「この人が言うなら信頼できる」
あなたにも一人ぐらいそういった対象がいるのではないか？

影響力を身につければ、ビジネスの世界では本当に動きやすくなる。無駄なお金をかけて広告を打つこともないし、他者との差別化を細かにする必要もない。だって、お客さんはあなたを信頼しているのだから。あなたから勝手に買ってくれる。

でも、この影響力には二つの注意点がある。

まず一つ目は、**「影響力の範囲」を間違えてはいけない**こと。影響力がある人というと、誰を思い出すだろうか？　芸能人やスポーツ選手か。はたまた大物ユーチューバーか。今ならメジャーリーガーの大谷選手やHIKAKINが思い浮かぶ人も多いだろう。でも彼らは特殊中の特殊。メディアが一生懸命になって、彼らに影響力を持たせようと努力しているから強い影響力があるのだ。

あなたが影響力を持ちたい場合は、参考にしてはいけない。**参考にすべき目安を教えよう。それは、登録者10万人前後のユーチューバーだ。私も15万人なので対象にしてくれてもいい。**彼らは数年前まで一般人だったはずだ。

でも、**創意工夫をして登録者を10万人まで増やし、影響力を身につけてきた。**

10万人前後のユーチューバーが得意なこと。それは、**影響力が及ぶ範囲を正確に理解できていることだ。**そして、その対象に向けて正しいコンテンツを届けることができる。

中野博の場合は、影響力は主に40代～60代の経営者（ビジネスマン）や投資家である。また、政治やニュースの裏側といった世間一般と離れた価値観を持つ人々にも影響力がある。20代、30代にはまだまだ影響力と呼べるものはない。それをわかっているから、50代前後をターゲットとした動画作成をしている。

影響力とは全ての人間に対して持つことじゃない。きちんと、影響力を与えられる範囲を自分で設定して、戦略的に作っていくものなのだ。

そして、もうひとつ重要なことがある。注意点の二つ目、それは、「**継続**」だ。**影響力がある人は継続する力が他人の何倍もある。**私も毎日YouTubeで動画を最低三本は上げているが、これには理由がある。

「信用」を得るためだ。

信用残高を上げることで影響力をキープして、ビジネスの売上につなげている。人はなぜ、動画の中の人に愛着を覚えるのか？　それは、何度も見るからだ。

人は**ザイアンスの法則**で、**何度も見ている人に無意識に好意を持つ。**そして、**好意を持つから信用する。**あなたにも好きなアイドルや芸能人がいれば、その人のことを無条件で信用してないだろうか？　これは、人間の特性なのだ。

まとめよう。**あなたが正しい影響力を持ちたいなら、**「**影響力の及ぶ範囲**」を適切に考えよう。そして、「**継続**」して**情報発信をしよう。**この二つさえできれば、1年頑張れば、必ずあなたには数千人のファンができる。**3年継続して努力すれば、数万人も夢ではない。**

【習慣20】
専門分野を3つ身につける

あなたは今、どんなスキルがあるだろうか？　営業のスキルだろうか。事務処理のスキルだろうか。はたまた、マーケティングのスキルだろうか。いずれにせよ、ＡＩやＩＴが進化してきた今、たった一つのスキルだけではビジネス社会から淘汰されるようになるだろう。

ただの営業マン、ただの事務員、ただのマーケターといった「ただの」というワードが職業の前についてしまうと、コンピュータが簡単に代替できてしまうということだ。そうなってしまったら、収入は減る一方だ。

収入を増やし金持ちになりたいのなら、**最低でも三つの専門分野を身につ**

けよう。その本質的な理由は【習慣21】で解説するが、三つの複合的なスキルがあれば、「ただの●●」から脱出できる。ＡＩは単独での動作は得意だが、複合的な働きはまだできない。営業もできて、事務もできて、マーケティングも得意。こうした人材は何があっても臨機応変に対応できるし、視野が広い。

一つの専門分野だけで戦うのはリスキーな時代になってきた。
あなたには専門性がいくつあるだろうか？
最低三つは用意しよう。

【習慣21】100万人に一人の人材になろう

【習慣20】で「三つのスキル」を持てと話したが、これにはきちんとした理由がある。それは、【100万人に一人のレア人材】になってもらうためだ。100万に一人のレア人材とは、その名の通り「100万人にたった一人しかいない稀有な存在」ということ。各業界のトップにいる会社の社長や有名なインフルエンサーがそれにあたる。

100万人の一人の人材になるとどんなことが起きるのか？想像がつくだろうか？

消費者は商品やサービスを選ぶ際に、他と比べることがまずない。「あなたが売っているなら」と、たったそれだけの理由で、いとも簡単に商品やサービスを買う。なんて最高な世界だろうか。そんな世界にいたら、すぐに金持ちになってしまう。

もちろん、あなたも金持ちになりたいはず。では、具体的にどうすれば100万人に一人のレア人材になれるのか?

それは、「三つの掛け算」だ。100人に一人を三つ掛け算するのだ。

100人×100人×100人=100万人になる。

先ほど、「三つの専門性」を持てと言った。この専門性ひとつが100人に一人だとする。そうなると、三つ掛けると100万人だ。

こうしてできた**「１００万人にひとりのレア人材」はとにかく強い。何があっても、金を稼ぎ続ける底力がある。**私の場合もそうだ。ジャーナリスト、経営者、ユーチューバーの三つでもいいいし、投資家でもあるので、それを入れてもいい。**他に替えが効かない存在になる。**だからこそ、ファンがつくし、いつだって商品やサービスが売れるのだ。

さあ、あなたは何を三つ掛け合わせて１００万人にひとりのレア人材になるのか？

次のワークで実際に考えてみよう。

〈ワーク〉記入例

１００万人に一人のレア人材になろう！

掛け合わせる三つを書こう

社　長（経営者）

YouTuber（ユーチューバー）

投　資　家

チャンネル登録者10万人！
経営者目線で投資術を教える
人気社長ユーチューバー

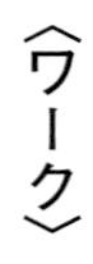

１００万人に一人のレア人材になろう！

掛け合わせる三つを書こう

１００万人のレア人材になったら何がしたいか？　何を売っていきたいか？　具体的に書いてみよう。

100万人に一人の御レア人材になれたら

○○がしたい！

○○を売りたい！

…………………………………………

…………………………………………

…………………………………………

…………………………………………

…………………………………………

…………………………………………

…………………………………………

…………………………………………

…………………………………………

…………………………………………

…………………………………………

…………………………………………

【習慣22】文章力を徹底して鍛える（年収は文章力に比例する）

年収を上げたければ、「文章力」を鍛えよ。これは鉄則だ。なぜ、年収と文章力が関係あるのか？理解できない人も多いだろう。「別に文章を使う仕事をしていないし関係ない」と思っているあなた。その考えは甘い。

アフターコロナの時代は、文章力が年収に比例する時代になってくる。文章力とは単純に書く能力だけではない。**文章力とは「考える力」だ。**人間は頭で考えても、それを実行するまでに時間がかかったり、動けなかったりする。その理由は、思考が具現化されていないからだ。

私は何かを企画・実行する際、必ず、頭の中を文章として紙に書いたり、パソコンで書き起こしたりする。そうすることで、頭の中のぼんやりしたものが目の前に文字として現れる。そこでさらにイメージを強めることで、実行力を高めている。**書かないで実行するのと、書いて実行するのでは成果に雲泥の差が出る。だから、ビジネスだと収入に差が出るのだ。**

他にも、文章を鍛えるとメリットがたくさんある。リモートが当たり前になった今、業務でもオンラインでのやりとりが増えただろう。これまでは対面だったのが、メールでのやりとりが増え、自分の書いた文章を人に見せる機会が増えたのではないか？

文章力は仕事の推進力と一緒だ。文章が下手だと、仕事がどうしても遅くなる。伝わるまで何往復もメールが必要になる場合があるし、書く時間がかかりすぎる。

そして、**一度文章が下手だと判断されたら、無教養だと思われ、今後の取引にも影響が出ることがある。**

文章能力は、優先順位が低く見積もられがちだ。しかし、**年収を上げたいなら、確実に文章能力を上げていくことが求められる。**文章力を上げれば複合的にある能力も磨かれる。それは、「**表現力**」だ。トーク力とも言える。

文章が卓越している人は、頭の構造が一般の人とは異なる。何を言えば人が納得するか?人の心が動かせるか?その「型」がケースバイケースで次々と浮かんでくる。

プロの文章の書き手は、普段から言葉で、人を納得させ、心を動かせるように文章の構成を考えている。トークでも一緒なのだ。最初は慣れてないので話し方には改善の余地はあるだろうが、場数を踏めば、立派な講演家にもなれる。

私はそうしてきた。**書く力**を徹底して鍛えた結果、**知らず知らずのうちに話す力までついてきた。**

もし、あなたが文章を本気で学びたいなら、おすすめの講座がある。それは、未来生活研究所の社員である乳井君がやっている「**大人の文章講座**」だ。彼は文章の天才だ。もともと新聞記者をやっていて、その後、雑誌の編集や自治体の広報誌の編集もやっていた。今では、未来生活研究所のビジネス書部門の編集長だ。

彼の文章は読みやすく綺麗なだけではない。人の心を動かしてしまうのだ。人を動かす文章においては、私以上に書ける。

もし興味がったら、ぜひ受講してみてほしい。以下にQRコードを貼っておく。

ちなみに彼も、YouTubeで活躍中だ。ここでも文章が上手になるネタが満載なので、ぜひ見てほしい。**あなたの年収を劇的にアップさせる文章術ばかりだ。**

・YouTubeりょう社長

https://www.youtube.com/@user-xz9yf4vg7c

・大人の文章講座（単発講座）

https://miraia.co.jp/page-5670/

・大人の文章講座（連続講座）

https://miraia.co.jp/page-5713/

【習慣23】一緒に頑張る仲間を見つけろ

あなたには仲間はいるだろうか？　ただの仲間じゃない。共に同じ方向を向き、夢を追いかける仲間だ。私は**帝王學**を教えているが、同じ夢を追いかける仲間を「法友」と呼んでいる。

友達ではない。友達はただ快楽を共にするだけの関係を私の中では言う。しかし、法友は違う。同じ志を持って、夢を追いかけることができる仲間だ。金持ちになるためには、この法友の存在が大きく影響することを知ってほしい。

夢はひとりの力では決して完結しない。一人で叶えられる夢は夢ではない。それは願望に過ぎない。

夢と願望は違う。願望はあなた個人が達成したいだけのもので、時間と労力をかければ、誰だって達成できる。

一方、**夢は「一人では達成できないもの」**だ。必ず、協力者や賛同者がいてこそ、夢は成り立つ。夢は大きければ大きいほど、一人では達成しづらいほど、夢の賛同者が現れる。そして、どんどんその輪が広がり夢は形になっていく。

小さい願望など、「あ、そう、頑張ってね」で終わってしまうが、**夢というのは個人単位でなく、社会全体を変える力を持つ。だからこそ、夢を叶えた世界を見たいという人が協力してくれるのだ。**一人の欲を満たすのは、夢ではない。夢は多くの人の願望まで叶えるものだ。

私は、これまで夢を叶えてきた人をたくさん見てきた。彼らの共通点は、皆、協力者がいることだ。あなたは人が乗っかれるぐらいの大きな夢があるだろうか？　**大きな夢こそが、お金を引き寄せる引力になる。**そして、法友こそが協力者や賛同者になってくれる。

抽象的な夢でいいのだ。抽象度が高い夢だと、周りがどんどん意見を言ってくれる。これが、夢の大きさになる。**元気な人、夢を与える人には光が集まる。**夢がある人は**光合成**をして、**どんどん大きな存在になる。**

夢が先にあって、その先にお金がある。夢を語ると、欠けているピースが見えてくる。それが、人なのか？　お金なのか？　あなたの夢に足りないピースを見つけていこう。

今こそ、同じ方向を向いて走る「法友」が必要だ。金持ちには金持ちのつながりがある。夢はその強力な粘着剤だ。今こそ、法友を持とう。

第5章

金持ちの仕事術

【習慣24】TODOリストを書かない(TOBEリストを書け)

よく、TODOリストを書けと部下に説教する上司がいる。確かに、やるべきことを紙に書き出すのは大切だ。しかし、TODOリストよりもっと大事なことがある。それが、「TOBEリスト」だ。「何になりたいか?」のリストである。

TODOリストはその日のタスクの順番を決めたり、効率化を図ったり、備忘録としてはいい。一方、TOBEリストは毎日書く必要はない。月1回でもいい。自分がどんな人になりたいのか? 紙にできるだけ詳しく書いてほしい。なぜなら、**TOBEリストを書き続けることで、セルフイメージがどんどん高まってくるからだ。**

金持ちになるためには、セルフイメージが必須だ。自分はこんなに素晴らしい人間なのだと思い込むのだ。思い込みの力とは凄いもので、自分はできると思えば、たとえ初めてのことでも「ベテランのように」実演することができる。

かつての私もそうだった。まだ駆け出しの頃（20代）、ある住宅会社から講演会の依頼をもらった。多くても百人ぐらいの規模だと思っていたのだが、蓋を開けるとびっくり。なんと千人を超えるビッグな会場での講演だった。

もちろん、こんな人数は初めてだ。正直一瞬ひるんだ。しかし、セルフイメージこそが成果につながることを本を読んで知っていたので、日頃からＴＯＢＥリストを作っていた。「**武道館や東京ドームで1万人以上を相手に講演をして熱狂と感動を与えられる人材になる**」と、書き続けていた私は、自分づくりの準備が整っていた。

千人を相手に行った初めての講演は大盛況。その場で、家も数軒売れてしまった。セルフイメージを高めていなかったら、ビビって良い話ができなかったかもしれない。家も売れなかったかもしれない。

TOBEリストを書き続けた結果がここで出た。この講演がきっかけで、次々と大きな講演の依頼が入った。一件200万円の講演もあった。1000万のコンサルも入った。今思えば、金持ちになった最初の瞬間かもしれない。

さあ、次はあなたの「セルフイメージ」を高めてみよう。金持ちへの扉が開く。

【習慣25】「忙しい」を言わない

「最近、忙しくて・・・」と、何かと忙しさを言い訳にしてやるべきことをやらない人がいる。当然あなたは気づいていると思うが、金持ちになりたいなら「忙しい」は禁句だ。

「忙しい」とは、「心を失う」という意味だ。忙しい、忙しいと叫ぶ人間は、人として大事な心を失っている。何度も言ったが、**金持ちになるための源泉はいつだってハートだ**。夢があって、その夢に金がついてくる。だから、夢を作るハートを忘れてはいけない。

「忙しい」という言葉は、自分がサボる言い訳を作るだけの言葉だ。「他に頑張っていることがあるから、今はやらなくていいだろう」。そうして自分のサボりを正当化している。

こんな卑怯な人間を、金は愛さない。

金が愛するのは、人間らしい心を持っている人だ。

愛嬌があって、いつも笑っていて、夢があって、イキイキしている。人として魅力ある人間に、金は恋をする。

「忙しい」の言葉は言えば言うほど、自分に甘くなるし、金を遠ざける。金持ちになりたいあなたは、今日から言うのをやめよう。

【習慣26】オン・オフの概念を捨てる

「オンとオフ。しっかり使い分けて仕事もプライベートも充実させろよ」とカッコつけて言う人がいる。私にはこの感覚がわからない。むしろ、「オンとオフ」をしたら年収がガクッと下がると断言できる。

いいだろうか。大事なのは、「オンとオン」だ。仕事もオン。プライベートもオン。これ以外ない。なぜなら、**金持ちには休みという習慣がほぼない**からだ。毎日、何かしらお金を生むために働いているからだ。もちろん、私もそう。起業して25年以上休んでいない。

金持ちになりたいあなたには大事なことなので言っておこう。休むという行為は、一般のサラリーマンしかしてはいけない。実は休むと思考力が一気に落ち、1日休むと完全回復するのに2日はかかる。なので連休は大変だ。GWのように5連休すると、回復するのに10日ぐらいかかる計算になる。

頭脳は金を生む最大のリソースの一つだ。何事も思考から始まるのだから。ただ、勘違いしないで欲しい。何も毎日10時間も働けと言っているわけでない。

1日3時間、5時間でいい。**小まめに頭を使って仕事をしろ**ということだ。私は、社員にもこれを推奨している。だから、別に1日8時間といった労働者の規則は重要視していない。**毎日頭を使い続けることが重要**なのだ。

私も25年間無休だと言ったが、1日の労働時間はおよそ5時間程度だ。もっと少ない時もある。でも、365日、それを25年間以上毎日続けている。(YouTubeがいい例だ。毎日三本はアップしている)

丸一日頭を休めてしまえば、頭脳が鈍り、生産性も低下する。金持ちはこの事実を知っている。だから、オンの日・オフの日という概念がないのだ。たとえ遊んでいる時でも、「**何かビジネスやお金につながることは何か？**」という視点を忘れない。

大変だと感じる人もいるだろうが、これは慣れだ。**本気で金持ちになりたいなら、まずはオンとオフといった、サラリーマン的な思考は捨てよう。**

毎日少しでもいい、頭を使う仕事をし続けた先に、金はついてくる。

【習慣27】
AIテクノロジーに興味を持つ

今、チャットＧＰＴが流行っているが、どのぐらいの知識を持っているだろうか？　金持ちになりたいあなたは、もちろん一度は触っていることだろう。

貧乏人と金持ちの大きな違いの一つに、「稼ぎ方」がある。貧乏人は自分の労力を資本として稼ぐが、金持ちは違う。**金持ちは「稼ぐ仕組み」を作って稼ぐのだ。**

つまり、ＡＩや最新テクノロジーを使いこなして、お金がどんどんやってくる仕組みづくりを欠かさない。

仕組みづくりだけじゃない。金持ちは**時間こそが、最大に価値があるものということを知っている。**ＡＩやテクノロジーに任せられることは全て任せて、**自分のリソースを最大化することを何よりも意識する。**

ＡＩやテクノロジーが発展すると仕事がなくなると騒がれているが、それは違う。マスコミの言いなりになっている**情報弱者の**言葉だ。

ＡＩやテクノロジーと共存できない人間が淘汰されていくだけだ。ＡＩやテクノロジーに興味を持たずに何の情報収集もしないでいると、自分のリソースを最大化できずに終わってしまう。稼げたはずのお金を稼げなくなるので、圧倒的な**機会損失**だ。これからでもいい、ＡＩ関連の情報にはしっかりと目を通して、使える（利用）できるものはどんどん使っていこう。

【習慣28】人間関係が良くない場にいるな

仕事は一人ではできない。ビジネスを大きくして収入を増やしたいなら、協力者が必要だ。会社なら社員が協力者だろう。あなたの立場がサラリーマンで、もし、職場の雰囲気が良くないと少しでも感じているなら、その職場、さっさと去ったほうがいい。

離職率が高い職場、低い職場があるが、何が原因で高低が決まるのか？私はコンサルタントとして８００社以上のコンサルをしてきたが、最も高い理由は人間関係だ。意外にも給与の低さはあまり関係がなかった。つまり、人間関係が理由で辞める人がほとんどだということ。それもそうだ。人間関係が良くないと、会社に行くのも億劫になる。休みの最中でも嫌な上司が気になったり、連絡がないかソワソワして気を病む人も多い。そんな職場は一刻も早く立ち去ろう。実は、離職率の高い職場は成長性がかなり低い。

金持ちになるためには時間が大切だと話したが、離職率の高い会社は人が何度も入れ替わるため、その度に教育をし直さないといけない。社員の時間を大幅に削られる。収入を上げるために実績を上げなきゃいけないのに、時間をどんどん吸われるのだ。

人間関係が良くない職場は、あなたの気を病ませる原因になるし、あなたの活躍できる時間を容赦なく奪っていく。何のメリットも生産性もない。金持ちで人間関係が良くないところで働いている人など、ほぼ皆無だ。今すぐやめよう。

そして、**あなたが周りの人と、良い人間関係を構築したいならおすすめのメソッドがある。**それは、【ナインコード®】だ。**究極の人間関係統計学で、**

人間関係統計学「9code（ナインコード）」の本
99％の人間関係は『9code』で解決できる！
https://amzn.to/3pGMmrH

人間を9つの種類に分けて考えた画期的なツール。私が２００４年に開発し、経営者や人事向けに面接や研修のお手伝いもしてきた。２０１７年にはダイヤモンド社から本も出てベストセラーとなり、いまだに増刷がかかるロングセラーとなった。

ナインコードを駆使すれば、それぞれの個性が丸わかりになる。得意不得意はもちろん、（人間関係で）良い影響を相互に与えるようなベストな相性も判別できる。強く人間関係が良好な組織づくりには、これ以上ないツールと言って過言じゃない。

詳しく知りたい人は、「**ナインコードベーシック**」という講座で教えているので勉強してほしい。才力発見編と相性構築編の二本立てだ。人事関係にいる人は必須の学問なので、今すぐチェックしよう。**会社の資本は人**だ。人を育てれば、会社の利益は上がる。すなわち、あなたの年収も上がる。

9code（ナインコード）の基礎が学べる『9code ベーシック』
これを知れば人間関係に悩みなし！
https://miraia.co.jp/page-5839/

【習慣29】他人を嫌な気持ちにさせない

自分がされて嫌なことは他人にもするな。小さい頃からそう教育されてきた人も多いだろう。まさに正しい。金持ちになりたいなら、絶対に他人に嫌な思いをさせてはならない。なぜなら、他人に嫌な思いをさせると、巡り巡って、あなたにも嫌な思いが回ってくるからだ。

金持ちは「目に見えない世界」を信じる。人から受けた恩義や愛情はもちろん大切にするし、言霊も信じる。

金持ちにとって一番怖いものは何か？　それは嫉妬や妬みだ。「あいつ少し金を持っているからっていい気になりやがって」「金にがめついやつだ」と言われ、足を引っ張られる。そうなると、運気がどんどん落ちてくる。嫌がらせも増える。一流の経営者ほど腰低く、謙虚な姿勢であると聞いたことはないだろうか？　それは、妬みや嫉妬を買わないためだ。妬みや嫉妬がどれだけ怖いか？　源氏物語ではないが、目に見えないオーラの怖さを知っている。

経営者は運が落ちるのを一番嫌うのだ。

だからこそ、他人を嫌な気持ちにさせることは絶対にしない。他人を嫌な気持ちにさせると、その人から負のオーラが回ってきて、自分がもっと嫌な気持ちになることがわかっているからだ。運が落ち、お金に愛されなくなる。あなたも金持ちになりたいなら、一流の経営者を見習って、他人を絶対に嫌な気持ちにしてはいけない。

【習慣30】年下のメンターを持とう

成功者には、皆、年下のメンターがいる。私も何人もいる。「普通メンターは歳上が普通じゃないの？」と思うかもしれないが、それは日本の企業の風習に過ぎない。アメリカでは年下のメンターを持っている成功者がたくさんいる。なぜ、年下のメンターを持つことが大事なのか？　想像がつくだろうか？

年下のメンターを持つことを**リバースメンタリング**という。リバースメンタリングをする場合は、年が10歳以上離れた年下を持つことがベストだ。そこには二つの利点がある。

第一に、自分にはない価値観をもたらしてくれるから。10歳離れると世代が異なる。育った環境が違う。子供の頃に見てきた漫画も違えば、触れてきた最新機器も違う。今の30代と20代がいい例だ。今、20代（27歳前後まで）はＺ世代と呼ばれ、デジタル関連の機器を何でも簡単に使いこなす（デジタルに対しての怖さを持っていない）。ＳＮＳの使い方もバッチリだ。しかし、30代以上になるとパカパカのガラケー世代なので、Ｚ世代よりもデジタルに不慣れな人が多い。

こうした世代間による技術格差や価値観のギャップは現代において、ビジネスチャンスを失うことにもつながる。年下のメンターを持つことで、自分がいかに時代についていっていない人間かが客観的にわかるのだ。

二つ目は、慢心がなくなることだ。金持ちは腰が低くいい人が多い。彼らの共通点はほとんどの人が年下から何かを学んでいる人だ。そう、年下の先生がいるのだ。年下の先生がいると「自分より年が下なのに立派だな」と感じる時が多々ある。この気持ちが実は大事で、年下が頑張っている姿や立派に社会活動している姿を見ると「自分ももっと頑張ろう」という気持ちが芽生える。この気持ちが慢心をなくす。人は慢心から足元を掬われ、うまくいっていたことも失敗する。

しかし、年下のメンターを持つことで気持ちを引き締めておけば、足元を掬われることは少なくなる。

今の時代においては、歳上のメンターを持つよりは「年下のメンター」を持った方が、メリットが大きい。

自分世代や歳上世代では絶対に気付けない画期的なビジネスチャンスをあなたに与えてくれるだろう。

【習慣31】楽して儲かる話に手を出さない

ハッキリ言おう。楽して儲かるようなオイシイ話は、一般人には絶対に来ない。来るのは嘘の詐欺話だ。確かに「オイシイ話」は世の中に存在する。投資の話でも。

でも、**「オイシイ話」が来るのは、本当の大金持ちにだけ。金持ちが金を回し、さらに金を得る。こういった仕組みが世の中にはある。**だから、資産を億単位で持っていない限り、あなたの元にはオイシイ話はやってこないことを肝に銘じよう。

もし、**オイシそうな話に手を出したら大変だ。金はみるみるうちに減り、**

金持ちになる習慣を実践するどころか、貧乏になる習慣を実践することになる。ストレスも過剰に溜め込み、周りからは人も逃げていくだろう。そういった人を何人もこれまで見てきた。

オイシイ話で騙してくる人は、あなたがどうなっても関係ない。金さえ払ってくれればそれでよくて、借金も平気で勧める。

楽して儲かる話に乗るのは、金持ちになるステップの段階では絶対にしてはいけないことを覚えておこう。楽（らく）そう、儲かりそうと少しでも思ったら、それは罠だ。気をつけよう。

おわりに

金持ちになるための「31の習慣」をご紹介したが、いかがだったろうか?

お金に愛されるには特別な体質が必要だ。そして、体質作りは1日ではできない。与えられた課題やミッションを苦にしないぐらい何度も行い、習慣化することが大切だ。

本書の「31の習慣」は、私が全て実践しているもので、資産1億円の金持ちになるために必須のものだ。慣れないと中々継続するのも難しい項目もあるだろう。しかし、私を信じて一つずつ根気よく取り組んでみてほしい。

必ず、資産1億円以上の金持ちになれることを約束しよう。

そして、実はもう一つ。あなたが「31の習慣」を実践できたとき、手に入る能力（体質）がある。それは、【成功者体質】だ。何をしてもうまくいく誰もが羨む体質である。**なぜ、成功者体質になれるのか？　それは、「運」を操ることができるからだ。**

経営者や実業家は「運の良さ」を大切にする。運を味方につけておかないと、大きな事業を繁栄させることは難しいからだ。では、運を味方につける方法として、偉大な経営者は何をしているのか？

お天道様に顔向けできる「立派な生き方」を実践しているのである。つまり、いつも誰かに尊敬されるような、**人様を救う生き方だ。**運は偶然やってくるのではない。運は必然的にやってくる。

運は、人が運ぶからだ。よって、人に愛される生き方をしないと、運はやってこない。「運を味方にする＝多くの人があなたを愛している」という図式が成り立つ。

「ご愛顧」という言葉があるが、可愛がられるからこそビジネスも事業も繁栄する。そして、この**可愛がられる人間こそが、成功者体質を持った人間だ。**

31の習慣は表向きには金持ちになる習慣ではあるが、裏テーマは人に可愛がられる習慣である。

本書のテーマである「金」。ここまで読んでくれたあなたなら分かるだろうが、金も可愛がられた人間が手にする時代だ。

可愛がられるのは偶然じゃない。人の魅力があるから可愛がられる。あなたも早く「31の習慣」を身につけ、人を魅了する人間になってほしい。そして、金持ちの世界へ是非きてほしい。

本書を出版する一ヶ月前に、「夢と金も引力」という本を出版している。そちらも併せて読んでもらえれば、より金持ちになる条件を学ぶことができるだろう。

金持ちはヒーローだ。なぜなら人を救うから。さあ、今こそ一緒にヒーローになろう。

あなたが金持ちの扉を開くことを楽しみにしている。

中野 博

夢を叶える七福神・中野 博

―　中野博の夢実践物語　―

『日本のメディチ家になる！』夢を実現するために３つのプロジェクトを 1997 年より開始。

1. 環境社会革命 (実業編)
2. 知的情報革命 (メディア編)
3. 未来生活革命 (夢ある人を支援)

メディチ家になるための３つの革命を進めるべく、具体的には３つの講座にて教育事業を 2003 年から実践している。

1. 中野塾 (帝王学でリーダーづくり)
2. 投資家育成講座 (投資家仲間)
3. 健康大学 (元気で長生き)

メディチ家になるための投資先は、次の３分野

1. 科学技術分野
2. 芸術音楽分野
3. スポーツ分野

メディチ家の仲間になるには、純資産 1 億円以上あり、かつ中野博と未来の夢が共有できること。

または、投資家倶楽部のメンバーに限定。

●投資家育成講座５期
https://miraia.co.jp/tousika05/

●投資家倶楽部（投資家育成講座の卒業生限定）
https://miraia.co.jp/tousikaclub/

●中野塾
https://miraia.co.jp/nakanojuku02/

●未来の風　～フロンティア～
https://miraia.co.jp/wp/frontier/

【中野博プロフィール】

七福神（7月29日）愛知県生まれ
早稲田大学商学部卒業。
ノースウエスタン大学ケロッグ経営大学院ブランディングエグゼグティブコースを修める。
ハーバードビジネス経営大学院で経営学を学ぶ。

（株）デンソー（DENSO）にて社会人デビュー。その後、（株）フォーインにて自動車産業の調査研究員（株）住宅産業研究所にて調査研究員を務める。サラリーマン人生は7回転職で7年間

● 1992年、国連地球環境サミット（ブラジル）に公式参加し各国首脳に取材。環境ビジネスコンサル会社として1997年にエコライフ研究所設立。日本初の環境と経済を両立する事業構築提案を880社以上に行う。
● 2003年、未来予測學問『時読み®』と人間関係統計学『ナインコード®』を開発し、これらをベースとしての帝王學をリーダーたちに教えるとともに、企業の人材開発コンサルとして1,000社以上を指導。
● 2011年、帝王學を学ぶ「信和義塾大學校」を創設。国内45拠点に加え、アメリカ、カナダ、シンガポール、タイなど世界各地に教室を設け「時読み®学」「ナインコード®」などの帝王學を指導。
● 2021年、未来生活研究所を設立し「中野塾」を主宰しながら投資家倶楽部、時読み倶楽部、各種講座活動を開始。
●現在自らの経験を集大成した自己能力開発「引力の魔術」を提唱。次代を担う人材育成に邁進している。
●投資家として多くのアーティストを支援し続けてNFTアート美術館をネット上に構築（おそらく日本人としては最大のコレクターであり美術館運営者）

日本のメディチ家を作るために2022年「投資家倶楽部」を開校。ジャーナリストとして世界の人脈から得た最高峰の投資情報をもとに、100人の倶楽部生と共に投資家としての実践を行う。

チャンネル登録者15万人超え（2023年7月集計）のユーチューバー。ニュースの裏側やジャーナリストとして業界の闇を暴くネタを毎日アップ。ニコニコ生放送にも毎月出演。YouTubeで話せない業界の闇を追求中。

また、独自の情報発信プラットフォーム（未来の風〜フロンティア〜）も持ち、世界から仕入れた本当の情報を日々発信中。

38冊の著者（7冊が英語、中国語、台湾語、韓国語に翻訳されている）。「引力の魔術」（未来生活研究所）「こんなエコ商品が欲しい！」「エコブランディング」「グリーンオーシャン戦略」（東洋経済新報社）「あなたがきらめくエコ活」「家づくり教科書」「リフォームの教科書」（東京書籍）「強運を呼ぶナインコード占い」（ダイヤモンド社）「成功者はなぜ帝王學を学ぶのか？」「一流の人はなぜ、着物を着こなせるのか？」「人はなぜ、食べるのか？」「シックカー@新車は化学物質で汚染されている」（現代書林）など38冊がある。
講演実績は4,300回超。メディア出演回数は1,800回を超える。

中野博のYouTubeチャネル【中野博の知的革命2027年】
https://www.youtube.com/channel/UC-6DVb3QQK2_2oso0RqgNWA

中野博のYouTubeチャネル【銀座MBA大学(ビジネスとお金と投資を学べ)】
https://www.youtube.com/channel/UC38aEgQZHOqG7N72uhZ-4tA

中野博のYouTubeチャネル【こども新党チャネル】
https://www.youtube.com/channel/UCyM8Vummzb6R445HtxHinYA

中野浩志のギリギリ崖っぷちトーク炸裂！【ニコニコ動画】
https://ch.nicovideo.jp/nakanohiroshi

中野博の【Instagram】
https://www.instagram.com/nakano_hiroshi59/

31日で金持ちになる魔法の習慣

2023年8月31日　初版発行

著者　中野博

発行者　中野博
発行　未来生活研究所
東京都中央区銀座3-4-1　大倉別館5階
電話（出版部）　048-783-5831

発売　株式会社三省堂書店／創英社
東京都千代田区神田神保町1-1
電話　03-3291-2295

印刷　デジプロ
東京都千代田区神田神保町2-2
電話　03-3511-3001

表紙デザイン　株式会社花咲堂企画・薗 奈津子
イラスト　水見美和子　水見泰二
編集担当　新田茂樹　乳井遼

ISBN978-4-910037-09-7

未来生活研究所の本

てんかつ
『天活』
10 代で学ぶ天才の活用法
著者・中野浩志（中野博）

10 代の君へ！　君にはこんな才能とキャラが生まれた時から備わっているよ！　持って生まれた才能とは、天から授かった才能。つまり『天才』。
10 代の君がいま知っておけば大人になって社会に出てからもずっ～と役に立つ！
それが『ナインコード』。
この「ナインコード」を知っていれば、あなた自身がどんな資質を持つ人で、どんなことが得意で、これから先どんな生き方が自分にとって一番合っているのかがわかります。
本書で紹介するのは、
学校では教えてくれない、
君の「天の才」とその活用法！

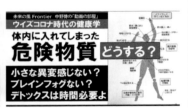